15 mai 1875

CATALOGUE

DE

TABLEAUX

MODERNES

DES ÉCOLES ALLEMANDE ET HOLLANDAISE

COMPOSANT LA

Collection de M. S***, de Vienne

DONT LA VENTE AUX ENCHÈRES PUBLIQUES AURA LIEU

HOTEL DROUOT

SALLE N° 2

PREMIÈRE VACATION

Le Samedi 15 Mai 1875, à 2 heures

EXPOSITION PUBLIQUE : le Vendredi 14 Mai 1875, de 1 heure à 5 heures.

DEUXIÈME VACATION

Le Mardi 18 Mai 1875, à 2 heures

EXPOSITION PUBLIQUE : le Lundi 17 Mai 1875, de 1 heure à 5 heures.

Mᵉ E. ESCRIBE	MM. DHIOS ET GEORGE
COMMISSre-PRISEUR	EXPERTS
rue de Hanovre, n° 6.	rue Le Peletier, n° 33.

PARIS — 1875

Vᵉˢ RENOU, MAULDE et COCK
IMPRIMERIE DE LA COMPAGNIE DES COMMISSAIRES-PRISEURS
Rue de Rivoli, 144.

CATALOGUE

DE

TABLEAUX

MODERNES

DES ÉCOLES ALLEMANDE ET HOLLANDAISE

COMPOSANT LA

Collection de M. S***, de Vienne

DONT LA VENTE AUX ENCHÈRES PUBLIQUES AURA LIEU

HOTEL DROUOT

SALLE N° 2

PREMIÈRE VACATION

Le Samedi 15 Mai 1875, à 2 heures

EXPOSITION PUBLIQUE : le Vendredi 14 Mai 1875, de 1 heure à 5 heures.

DEUXIÈME VACATION

Le Mardi 18 Mai 1875, à 2 heures

EXPOSITION PUBLIQUE : le Lundi 17 Mai 1875, de 1 heure à 5 heures.

Mᵉ E. ESCRIBE	MM. DHIOS ET GEORGE
COMMISSre-PRISEUR	EXPERTS
rue de Hanovre, n° 6.	rue Le Peletier, n° 33.

PARIS — 1875

CONDITIONS DE LA VENTE

Elle sera faite au comptant.

Les Acquéreurs paieront CINQ POUR CENT, en sus des enchères, applicables aux frais.

AVIS

Le manque d'espace n'ayant pas permis d'exposer cette Collection en une seule fois, nous avons dû diviser la Vente en deux vacations. Les Tableaux composant chaque vacation seront exposés la veille.

Le déballage n'ayant pu avoir lieu en temps opportun, nous avons fait le Catalogue sur les notes qui nous ont été adressées; il nous est donc impossible de désigner à l'avance les tableaux de chaque vacation.

DÉSIGNATION

DES

TABLEAUX

ZIMMERMANN (Albert)

1 — Lac de Côme (Italie) : Effet du soir.

2 — Lac de Lugano (Italie) : Effet du matin.

EBERT (Anton)

(de Vienne)

3 — La Curiosité.

4 — Jeune Fille écrivant.

THOMA (Joseph)

(de Vienne)

5 — Paysage de Hollande : Effet d'hiver.

6 — Chute d'eau. Canton de Grisons (Suisse).

**

BOHM (Edouard)

(de Vienne)

7 — Forêt.

8 — Paysage avec ruisseau (Suisse).

VENNE (A. van der)

(de Munich)

9 — Chevaux.

HASCH

(de Vienne)

10 — Paysage.

11 — Forêt.

BOMMEL (Elias P. van)

(d'Amsterdam)

12 — Vue prise près de Dordrecht.

GAISER (J.)

(de Munich)

13 — Le Bijoutier.

14 — Le Marchand d'étoffes.

LANG (A.)

(de Vienne)

15 — La Maison du garde (vallée de Zill).

16 — Moulin près Berchtesgaden (Autriche).

THOMA (J.)

(de Vienne)

17 — Chèvres au repos. (Vue prise en Corinthie).

BAIER (J.)

(de Vienne)

18 — Paysage.

19 — Environs de Lubeck : Effet d'hiver.

EBERT (Anton)

(de Vienne)

20 — Tête de femme.

21 — Tête de femme.

BURGARITZKY (J.)

(de Vienne)

22 — Paysage.

23 — Paysage.

HALAUSKA (L.)

(de Vienne)

24 — Vue prise dans le Tyrol.

25 — Une Vallée dans le Tyrol.

JANKOWSKY (F.-W.)

(de Prague)

26 — Vue du lac de Garde (Italie).

GIRARDI (A.)

(de Vienne)

27 — Etude de peintre.

PICK (Antonio)

(de Florence)

28 — Paysage en été.

29 — Vue prise au lac des Quatre-Cantons.

EBERT (Anton)

30 — La Rêverie.

GARTNER (J.)

31 — Moulin au bord d'un lac.

LICHTENHELD (W.)

(de Munich)

32 — Vue d'un lac : Clair de lune.

33 — Paysage : Clair de lune.

GARTNER (J.)

34 — Chute d'eau en Norwége.

35 — Chute d'eau en Saxe.

HEILIG (J.)

(de Vienne)

36 — L'Enfant gâté.

37 — Jeune Mère.

BOHM (E.)

38 — Paysage du Tyrol : Bords de rivière.

39 — Forêt.

***

EBERT (Anton)

40 — Adelina Patti.

HAUNOLD (J.)

41 — Etude d'après nature (vallée de Loff, Tyrol).

ZIMMERMANN (Albert)

42 — Effet d'orage au lac Majeur (Italie).

43 — Vue prise au lac de Côme.

HOOKE (J. van)

(de Pesth)

44 — Le Livre d'images.

45 — L'Anniversaire (scène de famille).

SCHUSTER (Ludwig)

(de Vienne)

46 — Paysage : Effet du matin.

DOLL (A.)

(de Munich)

47 — Vue de Durnast, près Kaltenberg.

48 — Paysage. Vue d'un Lac dans les montagnes.

EBERT (A.)

49 — Jeune Fille grecque.

50 — Tête de jeune fille.

THOMA (J.)

51 — Paysage en Suisse : Effet du soir.

52 — Le Glacier de Rosenlani (Suisse).

HOFFELDER (J.)

(de Vienne)

53 — Vestale.

CHWALA (A.)

(de Vienne)

54 — Paysage d'automne.

BUCHE (J.)

(de Haag)

55 — Les Fuyardes attrapées.

HALAUSKA (L.)

56 — Un Bac sur le Mein.

57 — Campagne en Dauphiné.

EBERT (A.)

58 — Plaisirs des enfants en été.

59 — Plaisirs des enfants en hiver.

SELLMAYER (L.)

(de Mannheim)

60 — Vaches près d'un abreuvoir.

LANG (A.)

61 — Cabanes de pêcheurs au bord d'un lac.

62 — Vue d'un lac.

THOMA (J.)

63 — Un Glacier en Suisse.

CANONE (C.)

64 — Type de vieux villageois.

65 — Paysan lisant.

HASCH (C.)

(de Vienne)

66 — Vue prise près d'une villa au lac de Garde.

67 — Ruisseau dans la forêt.

EBERT (Anton)

68 — Jeune Fille à la fontaine.

LESKOY (J.)

69 — La Visite de la grand'mère.

BURGARITZKY (J.)

70 — Le Château Leonstein sur la Steyrling (Autriche).

71 — Le Champ de Mars (environs de Vienne).

LONGART (J.)

72 — Le Salut du matin.

FERRIER (J.)

(de Vienne)

73 — Le Matin.

BOMMEL (Elias P. van)

74 — Vue du marché d'Amsterdam.

FRIEDMANN (F.)

(de Dresde)

75 — Tête de chien terrier blanc.

76 — Tête de chien terrier brun.

SCHWARTZ (M.)

(de Munich)

77 — L'Importun.

HOLBERG (K.)

78 — Crépuscule du soir.

THOMA (J.)

79 — Dans la montagne.

80 — Sur le plateau.

RIÈGER (Albert)

(de Trieste)

81 — Effet d'orage : Paysage avec troupeau de brebis.

BAIER (J.)

82 — Le Danube.

83 — Paysage : Effet du soir.

BURGARITZKY (J.)

84 — Une Vallée en Autriche.

85 — Paysage.

EBERT (A.)

86 — La mauvaise Nouvelle.

FRANCK (A.)

(de Cracovie)

87 — Mère et son enfant.

HOCKERT (E.)

(de Vienne)

88 — Paysage montagneux.

HLAVACEK (A.)

(de Vienne)

89 — Clair de lune au lac d'Atter, près Weissembach.

90 — Vue d'un lac.

THOMA (J.)

91 — La Corne d'Auclin (Suisse).

92 — Le Lac de Starhemberg, après un orage.

GROTGER (J.)

(de Vienne)

93 — L'Absolution refusée.

DOLL (A.)

(de Munich)

94 — Paysage en hiver.

BAIER (J.)

95 — Près Lundenbourg, en Moravie.

96 — Paysage après l'orage.

LANG (A.)

97 — Sur le plateau.

98 — Dans la montagne.

BOHM (E.)

99 — Paysage : Vue prise en Styrie.

VENNE (A. van der)

100 — Intérieur d'étable.

THOMA (J.)

101 — La Corne de Mühlsturz.

LESKOY (J.)

102 — Vue de ville.

103 — Paysage.

RIEGER (Albert)

104 — Une Chute d'eau dans la montagne.

BOHM (Edouard)

105 — Près Solothurn, en Suisse.

106 — Une Sapinière en Styrie.

EBERT (Anton)

107 — La Danse des nymphes.

JANKOWSKY (F.-W.)

(de Prague)

108 — Vue de Venise.

BACHMANN (A.)

(de Vienne)

109 — Une Forge sur un ruisseau.

KAZIANO (W.)

(de Vienne)

110 — Jeune Artiste.

FRANCINI (J.)

(de Vérone)

111 — Diane à la chasse.

NOWAY (Adolphe)

(de Vienne)

112 — Brebis au pâturage.

113 — Chevaux à l'écurie.

EBERT (Anton)

114 — La Peinture.

115 — La Musique.

116 — La Sculpture.

117 — La Poésie.

BAIER (J.)

118 — Paysage d'hiver (Vue de Hollande).

119 — Paysage (Vue de l'Elbe).

LANG (A.)

120 — Paysage (Vue prise en Autriche).

121 — Paysage (Vue du lac Léman).

JANKOWSKI (F.-W.)

122 — Vue de Saltzbourg..

PICK (A.)

123 — Nature morte.

GUGEL (G.)

(de Munich)

124 — Après le carnaval.

EBERT (Anton)

125 — Tête de jeune fille.

GARTNER (J.)

126 — Chute d'eau.

127 — Paysage : la Forêt.

FUCHS (F.)

(de Vienne)

128 — Le Caveau du monastère.

LICHTENHELD (W.)

129 — Le Parc de Weimar.

BURGARITZKY (J.)

130 — Le Danube (environs de Vienne).

EBERT (A.)

131 — Les Heures du soir.

JANKOWSKY (F.-W.)

132 — Vue de Venise.

ZIMMERMANN (ALBERT)

133 — Le Château Chillon, au lac Léman.

134 — Le Château Wolkersdorf, en Tyrol.

BOUCHÉ (J.)

(de Bruxelles)

135 — L'Été : Tête de femme.

136 — L'Hiver : Tête de femme.

LANG (A.)

137 — Paysage : Vue d'un lac.

138 — Paysage de Suisse.

BAIER (J.)

139 — Les Bords de l'Oder.

140 — L'Embouchure de l'Elbe.

BOMMEL (Elias P. van)

141 — Vue d'Amsterdam.

BREDOW (A.)

(de St-Pétersbourg)

142 — Paysage russe en été. Au fond la ville de Moscou.

143 — Paysage russe en hiver : Effet de nuit.

LEDEN (J. van)

(de Vienne)

144 — Santa Maria della Salute, à Venise.

GOZELMANN (J.)

(de Saltzbourg)

145 — Les Plaines en plein midi.

146 — Vaches près d'un abreuvoir.

EBERT (A.)

147 — Tête de femme.

SEITZ (G.-A.)

(de Munich)

148 — La Visite.

BOHM (E.)

149 — Sapinière près Zoll, en Tyrol.

BURGARITZKY (J.)

150 — Vue de Suisse.

151 — Dans la vallée : Paysage.

HALAUSKA (L.)

152 — Une Ferme sur un chemin à Meran (Tyrol).

LANG (A.)

153 — Paysage près de Saltzbourg.

EBERT (A.)

154 — La Promenade dans le parc.

DOLL (A.)

155 — Le Château de Falkenstein, près Nuremberg : Effet d'hiver.

MARINGER (J.)

(de Vienne)

156 — Paysage et Animaux (Vue prise dans les Alpes).

BURGARITZKY (J.)

157 — Vue du Danube (Autriche).

158 — Moulin aux environs de Saltsbourg.

MANNSFELD (Aug.)

(de Vienne)

159 — La Visite inattendue.

GARTNER (J.)

160 — Chute d'eau en Norwége.

JANKOWSKY (F.-W.)

161 — Vue de Wellmich, sur le Rhin.

KOBLINGER (K.)

(de Vienne)

162 — Tête d'homme (Etude).

GEDLECK (L.)

(de Cracovie)

163 — Jeux d'enfants.

164 — Enfant et Poules.

THOMA (J.)

165 — Clair de lune.

166 — Groupe de maisons.

HALAUSKA (L.)

167 — Paysage : Vue d'un lac.

168 — Le Lac de Wollfgang avec le Schafberg.

VOSCHER (L.)

(de Munich)

169 — Un Passage dans les montagnes du Tyrol.

GARTNER (J.)

170 — Chute d'eau dans les Vosges.

171 — Chute d'eau en Suisse.

THOMA (J.)

172 — Vue prise près de Lundenbourg, en Moravie.

173 — Vue prise près de Botzen, en Tyrol.

SELDE (J. van der)

(de Parme)

174 — Jeune Fille sortant du bain.

LICHTENHELD (W.)

175 — Clair de lune.

BOHM (E.)

176 — Intérieur de forêt en Suisse.

177 — Une Vallée dans le Tyrol.

KRIEGER (A.)

(de Vienne)

178 — Une Ferme en Autriche.

HASCH (Carl)

179 — Le Mont de Wisch, sur la Schlitza, en Corinthie.

180 — Intérieur de forêt avec vaches au repos.

Vve Renou, Maulde et Cock, impr de la Compagnie des Commissaires-Priseurs, rue de Rivoli, 144. 54339

www.ingramcontent.com/pod-product-compliance
Ingram Content Group UK Ltd.
Pitfield, Milton Keynes, MK11 3LW, UK
UKHW020529180726
13839UKWH00005B/2391

9 782329 538389